知ってる？アップサイクル

もうひとつのリサイクル

① アップサイクルってなに？

さ・え・ら書房

もくじ

アップサイクルってなあに？ ···· 4

アップサイクルへのとりくみ ············ 12

はじめに

「アップサイクル」ということばを聞いたことがありますか？
　いらなくなったものを、もういちど、資源にもどして使うのがリサイクル。アップサイクルとは、いらなくなったものを、そのままの形で新たな価値のあるものにつくりかえる、「もうひとつのリサイクル」です。
　アップサイクルは、自分のアイデアで、世界にひとつしかないものをつくることができます。だれでも、自由に、楽しく始めることができます。そして、資源を大切にし、自然環境を守ることにもつながります。
　いま、アップサイクルのとりくみがどんどん広がっています。この巻では、実際にとりくんでいる例を紹介しながら、アップサイクルの意味や、目的、みりょくをわかりやすく説明していきます。

アップサイクルって

すてられてしまうものが　工夫する

使い古したもの

古新聞

空きかん

空き箱

古いくつ

古雑誌

アイスキャンディのぼう　牛乳パック

工場であまったもの

形がゆがんだ
部品

木材の切れはし

おかしのふくろ

使わなくなったもの

着られなく
なった服

家具

不良品

ちょっとしたほつれや、
きず、よごれなどがある
ため、販売されないもの。

ぬいあわせ
てみよう!

アイスキャンディのぼうと
洋服を組みあわせたら
どうなるかな?

4

なあに？

アップサイクルとは、いらなくなったものを、新たな「価値（かち）」のあるものにつくりかえることです。すてられてしまうものを、その形やとくちょうを生かして、よりよいものにします。自分の工夫（くふう）しだいで、ほかにはない新しいものをつくりだせるアップサイクルは、これからの時代の、「もうひとつのリサイクル」の形です。

ことで すてきな宝物（たからもの）に大変身（だいへんしん）！

なにかの入れものになるかも!?

おかしのふくろって、けっこうしっかりしているな。

アップサイクルと
リサイクルのちがい

リサイクルの一歩先を行く
アップサイクル

　リサイクルは、いらなくなったものを、いちど資源（しげん）にもどしてから、別（べつ）のものにつくりかえることです。アップサイクルでは、原料（げんりょう）にはもどさず、素材（そざい）や形のとくちょうを生かして、前とはちがう価値（かち）のあるものにつくりかえます。

　また、リサイクルは、ゴミの出し方を守るなど、やり方が決められているものですが、アップサイクルは、自分の工夫（くふう）しだいで自由にとりくむことができます。

集める

あらってかわかしておく。

Start!
スタート

飲み終わった
牛乳（ぎゅうにゅう）パック

リサイクル

分別（ぶんべつ）する

牛乳（ぎゅうにゅう）パックや空きかんなど、ゴミの種類（しゅるい）ごとに分別（ぶんべつ）して出す。

ちがい **1**

素材を生かし工夫する

牛乳パックの形を生かしたり、家にある使わなくなったものと組みあわせたりして、なにか新しいものができないか考える。

ちがい **2**

価値のあるものにつくりかえる

アイデアをもとに、自分だけのお気に入りのものにつくりかえる。愛着がわき、大切に使う気持ちになる。

ちがい **3**

自由にとりくめる

使いみちも、デザインも自分の思うとおり。自由にさまざまなものをつくることができる。

 植木ばち！

 筆立て！

 花びん！

集める

ゴミ収集車で資源ゴミとして回収される。

資源にもどす

集めた牛乳パックは工場で水に入れてほぐし、薬でインクをとりのぞいて、資源にもどす。

品物につくりかえる

トイレットペーパーやノートなどの再生紙につくりかえる。

むかしからあった アップサイクル

日本の伝統的な アップサイクル

　日本では、むかしから、身のまわりの道具や資源を大切にしてきました。使い終わったりこわれたりしても、すぐにすてないで、さまざまな工夫をして、できるだけ長く使ったのです。いまも、日本の伝統工芸品の中には、こうした工夫が残されています。

むかしの人は、ものを大切にしたんだね!

1 つまみ細工

　つまみ細工は、江戸時代（1603〜1867年）に生まれた手工芸のひとつです。小さな正方形に切りとった布を、ピンセットでつまんで折りたたみ、それを台紙にいくつもはりあわせて花や生きものをかたどります。江戸城ではたらいていた女性が、古着などの切れはしでかざりをつくったことが始まりといわれています。その技術が町民に広まり、かんざしづくりがさかんになると、職人が自分でそめた布でつくるようになりました。

正方形に切った布の切れはしを一つひとつ折りたたみ、のりをぬった板の上においていく。

のりがしみこんだ布を、台紙にはりつけてまとめる。

布をはった台紙をいくつかたばねて、かんざしにする。

8

2 金継ぎ

欠けたり、われたりした陶器を修理して、その継ぎ目部分を金粉などできれいにする技術を金継ぎといいます。金継ぎは室町時代（1336〜1573年）に生まれ、継ぎ目の金色の部分によって、もとの器とはちがった味わいが出るといわれています。

欠けたり、われたりしている部分に、筆でうるしをぬって接着する。

欠けたゆのみ

金継ぎした
ゆのみ

3 裂織

裂織は、使い古した布を細く裂いて糸状にしたものでつくる織物です。江戸時代、布の原料となる綿花が育ちにくかった雪国などで、農家の人が布の切れはしを大切にしようと工夫したことから広まったといわれています。

布を裂いたら、指に巻いて玉状にし、はた織り機で織っていく。

裂織でつくったこたつがけ。

まめちしき

● アップサイクルの広まり

気候変動や環境問題を解決するために、資源を大切に使い、ゴミをへらすための3R活動（→11ページ）がすすめられています。アップサイクルも、3R活動※も、「ものを大切に使う」という根本にある考えはいっしょ。自由に、楽しくできるアップサイクルは、世界で注目されています。

アップサイクルのさきがけとして、世界的に知られている企業「FREITAG」のバッグ。トラックのほろやシートベルトなどの廃材が使われている。

※3R活動は、リサイクル（Recycle、再資源化）、リユース（Reuse、再利用）、リデュース（Reduce、削減）のことです。

アップサイクルで
SDGs を

アップサイクルは
身近でできる SDGs

SDGsは、「Sustainable Development Goals」の頭文字からなることばで、日本語で「持続可能な開発目標」といいます。貧困や、水、教育、環境、差別など、地球がかかえている問題を、2030年までに解決へみちびくため、国際連合で150以上の国のリーダーが約束した17の目標です。アップサイクルが、どのようにSDGsの達成に役立つのか、見てみましょう。

アップサイクルで
生まれたもの

気候変動、環境問題の解決へ

SDGsがかかげる目標に、目標13「気候変動に具体的な対策を」や、目標14「海の豊かさを守ろう」、目標15「陸の豊かさも守ろう」があります。

ゴミを燃やすときに出る温室効果ガス※の発生をおさえる。
→気候変動をおさえることにつながる。

身近にあるものをつくりかえるので、新たな資源はほとんど使わない。
→自然環境を守ることにつながる。

※温室効果ガスとは、太陽からの熱を地球にとじこめるはたらきをする気体です。近年、この温室効果ガスがふえたことが地球温暖化につながり、世界中に異常気象を引き起こしていると問題になっています。

アップサイクルでエシカル消費

目標12「つくる責任 つかう責任」は、つくる人（生産者）も、使う人（消費者）も、地球の環境や、人びとの健康を守れるような行動をとろうというものです。消費者が、自然環境や生産者のことを考えながら商品をえらび、使い方やすて方を工夫することを「エシカル消費」といいます。アップサイクルや3R活動は、身近なところで始められるエシカル消費です。

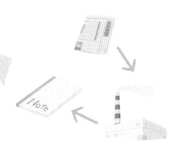

リサイクル

再生紙でつくるノートのように、使い終わったものを資源にもどして、つくりかえること。

リユース

使わなくなった古着をバザーで売るなど、まだ使えるものを再利用すること。

リデュース

つめかえできる商品を使うなど、むだなごみの量を少なくすること。

上の3R活動に、レジぶくろを「いりません」とことわるリフューズをくわえて、4Rということもあるよ。

アップサイクルで、楽しい生活を！

SDGsの「Sustainable（持続可能な）」とは、「将来に向けてずっと続けていけるように」という意味です。アップサイクルの自由さや楽しさは、やりがいやよろこびにつながり、続けていく力のささえになります。

アップサイクルは自由につくれるし、自分のタイミングで始められるのもいいね！

その服とこの服を組みあわせてみようよ！

アップサイクルへの
とりくみ

こんなアップサイクルがある!

　「地球の資源や環境を大切にしよう」という考えが世界じゅうで高まる中で、日本でもアップサイクルにとりくむ人びとや企業などがふえています。かれらは、きちょうな資源を守るという考えだけでなく、アップサイクルによってできたものや、アップサイクルをすることそのものに、楽しさを感じています。どんなとりくみをして、どんな楽しみがあるのか実際に聞いてみましょう。

かわいい!
どうやって
つくるのかな?

1 タイヤチューブのバッグ
株式会社モンドデザインのとりくみ
（➡14ページ）

もったいないという思いから、
生まれるんだね!

2 エアバッグの小物入れ
特定非営利活動法人 NEWSED PROJECTの
とりくみ（➡18ページ）

とび箱がつくえに
なるなんて、びっくり！

3 古くなったとび箱のつくえといす
株式会社モノファクトリーと
株式会社オープン・エーの
とりくみ（→ 22 ページ）

4 消防ホースのバッグ
UPCYCLE LAB のとりくみ
（→ 26 ページ）

5 プルタブのバッグ
株式会社福市のとりくみ
（→ 30 ページ）

空きかんのプルタブで、
こんなきれいな
ものができるんだね！

6 デッドストックでつくる洋服
株式会社ビームスのとりくみ
（→ 34 ページ）

※デッドストックは、販売しないで倉庫で
保管されているものです。

1

株式会社<ruby>株<rt>かぶ</rt></ruby><ruby>式<rt>しき</rt></ruby>モンドデザイン

タイヤチューブが
バッグやペンケースに！

使い終わったタイヤチューブを、アップサイクルするブランドとして注目されている「SEAL（シール）」。「世界にただひとつ」のデザインと使いやすさを<ruby>追求<rt>ついきゅう</rt></ruby>するために、どのようなことに気をつけているのでしょうか。バッグづくりのようすを見せてもらいましょう。

使い終わった
タイヤチューブが……

かっこいい
ペンケースに！

サメの形を
したバッグに！

持つだけで
楽しくなりそうだね！

クジラの形を
したバッグに！

つくり方

1 デザインを決める

デザイナーがタイヤチューブからつくるものを想像して、デザイン案をつくります。それをもとに、実際にどのようにつくるか、くりかえし職人と話しあって、試作品づくりを進めます。

ひとつの商品のデザインが決まるまで、6か月から長いもので2年もかかる。

タイヤチューブは
じょうぶで弾力があるから、
ぬえるかどうか
こまかく話しあうんだって!

実際にデザイナーが考えた円形ショルダーバッグのデザイン案。

2 タイヤチューブを集める

廃材のタイヤチューブのほとんどは、タイから輸入します。まず、タイ国内で集めた中から使えるものをえらびます。筒状になっているため、切り開いてから表面についたよごれをあらい落とします。そのあと、布でふいてきれいにしたら、同じサイズにそろえて切ってまとめていきます。

廃材として集められたタイヤチューブの山。このうち約60パーセントはいたみがひどくて使えない。残りの40パーセントを材料として使う。

表面には、それぞれのタイヤのもようやあとがついている。ひとつも同じものがない。

文字入り　　たてじま　　線がまじわった
　　　　　　　　　　　　もよう

よごれをとり、きれいにされたタイヤチューブ。たばねられたあと、日本に送られる。

3 タイヤチューブをぬいあわせる

つくり方が書かれた設計図にあわせて、日本に送られてきたタイヤチューブをえらび、そこからパーツを切り出します。つぎにそれらを職人がミシンなどで1枚1枚ぬいあわせながら、商品が少しずつできあがっていきます。

デザイナーがつくった設計図と、それをもとに切り出されたパーツ。

たくさんのパーツを組みあわせてできていたんだね!

ふだんは布製品をつくる職人が、タイヤチューブをぬいあわせている。タイヤチューブはじょうぶなため、布をぬう用の針だと折れてしまう。そこで、専用の太い針を使ってぬう。

店頭には商品とともに、タイヤチューブが展示されている。

4 完成

完成したものは、店頭やインターネットで販売されます。インターネットだけではなく、店頭でも販売するのは、タイヤチューブを使った商品のよさやとくちょう、使うときに気をつけなければならないことなどを客に説明するためです。そうすることで、大切に長く使ってもらえるようになります。

アップサイクル

おしえてくれた人
堀池洋平さん
（株式会社モンドデザイン）

？ なぜ、タイヤチューブをアップサイクルしようと思ったのですか？

こたえ わたしは、自然豊かなところで生まれました。しだいに開発されて、そうした自然がなくなっていくのを目のあたりにした体験があったので、すてられるもので、なにか商売ができないかと思ってさがしていたところ、タイヤチューブにたどりついたのです。

？ アップサイクルをしてみて、おもしろかったことはなんですか？

こたえ タイヤチューブは、もとはタイヤの中にあって、表面もツルッとしていますが、何年も走っているうちに外がわのタイヤのあとがもようになってついてしまうのです。それをデザインに生かしているので、商品の見え方が、一つひとつちがうところが、おもしろいなと思います。だから商品を宣伝するとき「世界にただひとつの」ということばを使っています。

？ タイヤチューブでつくったものは、どんなとくちょうがありますか？

こたえ タイヤチューブは、もともと車が長く安全に走れるようにつくられたゴムです。走っているときにうけるしょうげきに負けないじょうぶさや、タイヤと道路がこすれて生まれる熱にもたえられる強さもあり、また、水も通さないので長持ちします。

？ これから、チャレンジしてみたいことはありますか？

こたえ これからは、タイヤチューブ以外の廃材でも新しい商品をつくって、もっと海外に広めていきたいです。また、タイヤチューブは黒くてかたい印象からか、男性がよく使ってくれますが、軽いので女性にも使ってもらえるものをつくりたいですね。

以前チャレンジしてつくった廃タイヤのスピーカー。

2

特定非営利活動法人NEWSED PROJECT
とくてい ひ えい り かつどうほうじん ニュー ズ ド プロジェクト

自動車のエアバッグが
小物入れに！

どうやってつくられて
いるのかな？

工場から出る廃材を、新しいものによみがえらせるブラ
ンド「NEWSED」。なにか廃材が出ると現場に出むき、な
ぜその廃材が出てしまうのか、使える状態にあるのかを、
たしかめるよう心がけています。廃材になったエアバッ
グが小物入れになるようすを見せてもらいましょう。

廃車工場でとりはずされた
エアバッグが

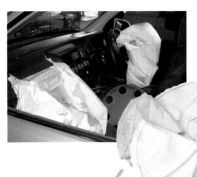

かわいい
動物の形の
小物入れに！

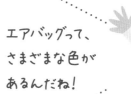

エアバッグって、
さまざまな色が
あるんだね！

つくり方

1 素材となる廃材を集める

どのような廃材があるのか工場に問いあわせて、廃材のサンプル（見本）を集めて再利用できる素材リストをつくります。リストに、廃材のとくちょうやその廃材がどのような工程で生まれて、どれぐらいの量が手に入るのか（入手のしやすさ）などをまとめます。

NEWSED の人が工場に出むいたり、送ってもらったりして、廃材のサンプルを集める。廃車工場で出たエアバッグのサンプルを見せてもらう。

集めた廃材のサンプルをたしかめながら、「使用可能素材リスト」をつくる。2019 年の時点で、使用可能な素材は 40～50 種類。

エアバッグは、安全性にかかわる部品だから、使っていなくても再利用しないですてられてしまうんだって！

2 デザイナーに依頼する

そのリストをもとに、何人かのデザイナーに商品開発を依頼します。デザイナーが興味をもったら、その廃材が出る工場を見学します。実際に足を運ぶことは時間がかかり大変ですが、廃材が出る背景を知ると廃材への理解が深まるそうです。

工場の人に、その廃材が出てしまう理由をおしえてもらう。

3 デザインを決める

　デザイナーは、素材を見たときや実際に見学したときの体験をもとに、なにをつくるか考えます。エアバッグの小物入れは、素材をさわる中でデザイン案がふくらんだそうです。「air bag」ということばのひびきから、ぶたの小物入れ「AIR PIG（PIG は日本語でぶた）」、くまの小物入れ「BEAR BAG（BEAR は日本語でくま）」ができました。

素材をさわりながら、エアバッグについているぬい目を動物の口に生かすことを思いついた。

4 エアバッグを加工する

　デザイナーの案をもとに、工房や福祉作業所ではたらく人びとの手仕事で商品がつくられます。布をぬうのが得意だったり、金属の加工が得意だったりと、それぞれ専門分野が異なります。エアバッグの小物入れは、千葉県の福祉作業所でつくられています。

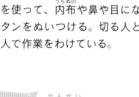

エアバッグをあらったあと、やぶけている部分を切りとる。切りとられたエアバッグに、ミシンと針を使って、内布や鼻や目になるボタンをぬいつける。切る人とぬう人で作業をわけている。

5 完成

　完成したものは、おもにインターネットや全国にある博物館の売店、デパートなどで販売されます。

商品のそばには、それぞれの廃材がどのようにして出たのかを説明したボードがはられている。

おしえて！ アップサイクル

おしえてくれた人
中島潤也さん
（特定非営利活動法人
NEWSED PROJECT）

？ なぜ廃材をアップサイクルしようと思ったのですか？

こたえ わたしたちの商品の加工をする福祉作業所を支援するために、もっとお願いできる仕事がないかとさがしていたところ、シートベルトの廃材でつくったバッグがあることを知ったのがきっかけです。NEWSED を立ち上げた親会社は、アニメキャラクターの人形や雑貨などをつくっているのですが、不具合があったときに交換する人形が、期間がすぎるとそのまますてられてしまうことにもったいなさを感じていました。そのため、外部のデザイナーや福祉作業所に協力してもらって、廃材のアップサイクルを始めました。

？ アップサイクルをやってみたい子どもたちに伝えたいことは？

おしえてくれた人
tupera tupera さん
（デザイナー）

こたえ 自分でアップサイクルをして、なにかものをつくるときは、手を動かし続けてみましょう。素材を切ったり、曲げたり、はったりなど手を動かし続けることで、よいアイデアがうかんでくるかもしれません。

？ アップサイクルの製品をつくるときに、心がけていることはなんですか？

おしえてくれた人
三瓶啓介さん
（地域作業所 hana）

こたえ わたしたちの作業所では、ミシンを使うのがうまい人や、新聞紙ですてきなバッグや封筒をつくる人など、さまざまな得意分野をもつ人がいます。みんな、デザイナーさんのイメージを再現するだけでなく、使う人のことを考えてつくっています。エアバッグの小物入れが安全に使える加工方法を提案したのも、作業所ではたらいているかたなのです。

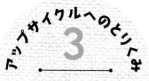

アップサイクルへのとりくみ

3

株式会社モノファクトリー、株式会社オープン・エー

いらなくなった学校の用具が家具に！

まだ使えるのにすてるのはもったいないからといって、ていねいにあつかわずにとっておくと、きずがついたり、よごれたりして使えなくなってしまいます。使わなくなったものを集めて、ていねいに保管し、新たな価値をつくることにとりくむふたつの会社を紹介します。

廃校に残された
とび箱や白線引きが

白線引きの持ち運びやすさや
粉をまくための穴を生かして、
植木ばちをつくったんだって！

かっこいい
家具に！

とび箱の形をかえずに
色をぬってかっこよく
生まれかわっているね！

つくり方

1 産業廃棄物から素材となるものをえらぶ

集まってきた産業廃棄物の中から、アップサイクルの材料にできそうな素材をとりだします。さまざまな理由でいらなくなったものを手作業でていねいにわけて、アップサイクルの素材として使えるものだけをえらびます。そうして集められた素材を、ショールームにならべます。

廃棄物処理工場には毎日60トンの産業廃棄物が集められる。廃棄物の種類ごとに整理されていて、ここからアップサイクルできそうなものをえらぶ。

アップサイクルの材料として生かせそうな素材がかざられているショールーム。

もとの形を生かしつつ、どのようにしたらよいか考えながら、使えそうな素材をえらぶ。

2 使う素材をえらぶ

デザイナーが、ショールームにならべられた素材から、使うものをえらびます。

ショールームの素材は400種類もあるんだって。どれを使おうか、ワクワクするね!

23

３ デザインを決める

　何人かのデザイナーが意見を出しあって、アップサイクルによってつくる商品のデザイン案（あん）を決めます。デザイン案（あん）ができたら、試作品（しさくひん）をつくります。

　デザインの見た目だけでなく、その商品をつくるために必要（ひつよう）な素材（ざい）を集められるかも話しあう。

４ 家具につくりかえる

　デザインが決まったら、素材（そざい）の材質（ざいしつ）をもとに加工（かこう）を依頼（いらい）する工場を決めます。
　木材の加工（かこう）が得意（とくい）なところや、金属（きんぞく）の加工（かこう）が得意（とくい）なところなど、工場によって専門（せんもん）分野が異（こと）なります。そのため、とび箱は木材加工（もくざいかこう）の工場、白線引きは金属加（きんぞくか）工（こう）の工場にお願（ねが）いしています。

色をぬりなおしたり、新たな部品などををつけくわえたりする。

５ 完成（かんせい）

　完成（かんせい）したら、ショールームに展示（てんじ）したり、注文した人に送ったりします。とび箱や白線引きは、廃校（はいこう）になる学校があるときなどに出ます。なかなか手に入らないため、レアな商品です。

完成品（かんせいひん）が展示（てんじ）されているショールーム。

●まめちしき

アップサイクルを体験（たいけん）してみよう！

　モノファクトリーでは、アップサイクルを体験（たいけん）できるワークショップがあります。産業廃棄物（さんぎょうはいきぶつ）の中から集めたおもしろい素材（そざい）を使（つか）って雑貨（ざっか）をつくります。

ワークショップでつくるコースター。素材（ざい）は、コンピューターをつなぐ LAN（ラン）ケーブル。

おしえて！
アップサイクル

おしえてくれた人
大沼友美さん
（株式会社モノファクトリー）

？ なぜ、産業廃棄物をアップサイクルしようと思ったのですか？

こたえ 産業廃棄物は、家庭では見なれない、めずらしいものが多いです。いちど役目を終えたこれら廃棄物の素材のおもしろさを生かして、別のものにつくりかえられないだろうかと考えたのがきっかけです。まず、ワークショップから始め、ほかの使いみちをさがす中で、オープン・エーのデザイナーさんとともに、家具のアップサイクルも始めることになりました。

？ アップサイクルをやってみたい子どもたちに伝えたいことは？

こたえ 家庭以外でも、たくさんものがすてられています。すてるのがわるいというわけではありません。雑にあつかわずに、「もういちど使えないかな？」と考えてみると、デザインや工夫しだいで、新たなみりょくをもったものに生まれかわらせることができると思いますよ。

廃校の用具以外に、使われなくなった信号なども展示されている。

？ アップサイクルをしてみて、楽しかったことはなんですか？

おしえてくれた人
大橋一隆さん
（株式会社オープン・エー）

こたえ 学校用具でも、学校の統廃合でいらなくなったもの、たんに使えなくなったものなど、それぞれすてられた事情がちがいます。そうした事情をわかったうえで、人がよろこぶものにつくりかえるのが、楽しいです。

自転車のタイヤ（フレーム）で照明の試作品をつくっている。乗りすてられた自転車が廃棄物として集まることが多い。

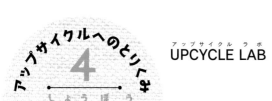

UPCYCLE LAB

消防ホースを新しいバッグやさいふに！

火事で火を消すために使われる消防ホースのじょうぶさを生かして、世界でひとつだけのバッグやさいふに生まれかわらせます。

使い終えた消防ホースや、使われずにすてられてしまう消防ホースが

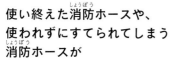

色あざやかなさいふに！

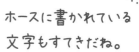

かっこいいバッグに！

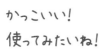

かっこいい！使ってみたいね！

ホースに書かれている文字もすてきだね。

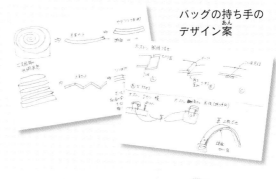
バッグの持ち手の
デザイン案

つくり方

1 デザインを決める

消防ホースを見ながら、どんなバッグをつくりたいか、バッグをぬう職人とデザイナーとが意見を出しあいます。ふつうの布とはちがってじょうぶな材料のため、かたくてぬうことがむずかしく、思ったとおりにできないこともあります。そのため、イメージに近いものができるよう、職人とデザイナーがいっしょにこまかいところまで話しあう必要があります。

工場でデザイン案を見ながら話しあう。

2 消防ホースを集める

すてられる消防ホースには、火事のときに何度も使われたものもあれば、いちども使われていないものもあります。使われたことがなくても、時間がたつと新しいホースにかえなければならないと法律で決まっているためです。すてられることになった消防ホースを、消防設備の会社や町、地域の消防団などから集めます。不良品で商品にならなかったものをもらうこともあります。

町の消防団

消防設備の会社

大きなビルや工場、大きなデパート、遊園地など、さまざまな場所に消防ホースはそなえつけられている。消防設備の会社やビルの管理会社などが、定期的に点検をして、使えなくなったものを UPCYCLE LAB にわたす。

3 消防ホースを あらって、かわかす

集めた消防ホースは使われていなくてもよごれているので、水や蒸気をいきおいよくかけて、きれいにあらいます。10〜20メートルもの長さがあるホースをあらう作業は大変ですが、しっかりよごれを落とさないと、バッグのできあがりがわるくなってしまいます。きれいになったら日光にあてて、よくかわかします。

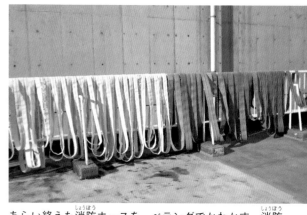

あらい終えた消防ホースを、ベランダでかわかす。消防ホースは製造元や製造した年、使っていた状況によって色や質感が異なる。

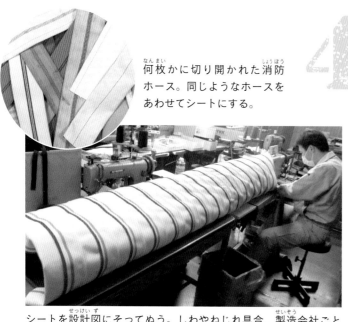

何枚かに切り開かれた消防ホース。同じようなホースをあわせてシートにする。

シートを設計図にそってぬう。しわやねじれ具合、製造会社ごとにちがう消防ホースの厚みや質感をたしかめながら、ミシンを調整する。

4 消防ホースを 切ってぬいあわせる

細長い筒状の消防ホースを切り開き、バッグをつくりやすいよう平たいシートにします。切り開かれた何枚かの消防ホースをつなげて、1枚の大きなシートにします。設計図をもとに、職人がミシンで一つひとつぬっていきます。

消防ホースは、厚みがあるから、切るだけでも大変なんだって！

5 完成

完成したバッグやさいふは、インターネットやバッグ店で販売されます。消防ホースに印刷された数字や文字があえて見えるようなデザインを、かっこいいと感じて買う人が多いそうです。

商品と消防ホースがならべられた店内。

おしえて！
アップサイクル

おしえてくれた人
小島忠将さん
(UPCYCLE LAB)

? なぜ、消防ホースをアップサイクルしようと思ったのですか？

こたえ 20歳代のころ、建物を解体する仕事をしていたとき、消火せんの中にある使っていない消防ホースがすてられるのを見て、「もったいないな」と思っていました。そのあと、海外ではすてられる消防ホースが野生動物の保護に役立っているというニュースを見て、前から興味があった消防ホースを使ってバッグをつくってみたのです。

? これから、チャレンジしていきたいことをおしえてください。

こたえ 学校で使うテントの屋根などに使われている「ターポリン」というじょうぶな生地で、バッグをつくろうとしています。消防ホースと同じように水に強い生地ですが、ターポリンはうすいため加工しやすいのがとくちょうです。色もつけられますし、いろいろなデザインが考えられます。これもすてられるものを集めてつくるつもりです。

? アップサイクルをしてみて楽しかったことはなんですか？

こたえ お客さんがバッグを見たときに「どこが消防ホースなの？」とおどろくのがうれしいですね。意外なものができる楽しさや、自分の考えが形になることもワクワクします。

　ある小学校でアップサイクルの話をしたとき、よごれた消防ホースを見せたら「いらない」という人ばかりでしたが、かっこいいバッグは「持ってみたい」と、たくさんの人が手をあげました。材料がなんであっても、ものがどうやってつくられたのかを知って、自分がよいものだと感じたら使ってほしいですね。

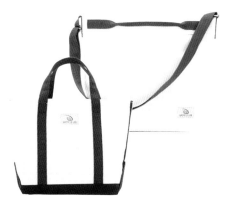

ターポリンでつくったトートバッグ。よごれにくく、ぬいやすいターポリンは、さまざまな使いみちが考えられる。

29

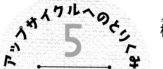

5

株式会社福市

空きかんのプルタブが
バッグやアクセサリーに！

開発途上国でつくられたフェアトレード*商品をあつかう会社「福市」。つくる人と買う人がおたがいに満足できる関係になることをめざし、空きかんのプルタブでつくる商品などを販売します。

カラフルな
バッグに！

空きかんのプルタブが

バッグの側面には、空きかんの底が使われているんだって！

おしゃれな
ネックレスや
ブローチに！

＊フェアトレードは、開発途上国などの生産者の自立を支援することを目的に、生産者が無理をせずにつくることができる値段で品物をとりひきするしくみです。

30

1 プルタブをよりわける

　プルタブでつくられたバッグは、ブラジルで生まれました。材料（ざいりょう）のプルタブは、ブラジルにある廃材（はいざい）をあつかう会社から仕入れます。仕入れたプルタブにきずがついていないかなど調べます。使えるものだけをよりわけたら、水でよくあらってかわかします。

色がはげているもの、つぶれて形がかわっているものなどをとりのぞく。職人（しょくにん）が一つひとつ手でよりわけるのはとても大変（たいへん）な作業。

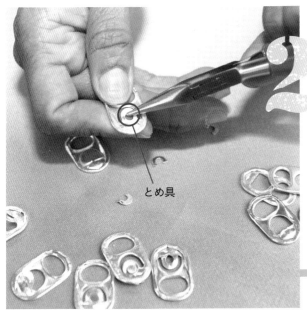

とめ具

とめ具を切りとる。

2 あつかいやすい形にプルタブを加工（かこう）する

　空きかんとプルタブをつなぐ金属（きんぞく）のとめ具が、バッグやアクセサリーをつくるときにじゃまなため、工具で一つひとつ切りとります。切りとってできた断面（だんめん）はギザギザしてあぶないため、つぶしてたいらにします。

切りとった部分をつぶす。

ひとつのハンドバッグをつくるのに、約（やく）1000 個（こ）のプルタブを使うんだって！材料（ざいりょう）を用意するだけでも、大変（たいへん）なんだね。

きれいなプルタブ完成（かんせい）！

3 プルタブを糸であむ

　プルタブを糸でつなげて、あんでいきます。あみ方は、ブラジルに古くから伝わる「クロシェあみ」という手工芸です。バッグの場合、内側につける布やファスナーをぬいつける工程などもふくめて、ひとつのハンドバッグができあがるまでに、2週間くらいかかります。

糸の色をかえることで、カラフルなバッグができる。写真（上）はブラックのバッグ、写真（左）はシルバーのバッグをあんでいるところ。

4 輸入した商品を検査する

　できあがった商品は、ブラジルの職人たちによって、ほつれがないかなどをたしかめられたら、日本に届けられます。
　商品が届くと、もういちど糸のほつれやあみ方などに問題がないかどうか、検査します。ブローチには、品質の高い日本製のブローチピンを使っています。

廃材のプルタブでつくるため、不具合のあるものがまざりやすい。一つひとつ検査していく。

5 完成

　商品は、福市が経営している店「Love&sense」やインターネットで販売されます。

プルタブを使った商品のほか、フェアトレード・コットンを使った洋服なども販売されている。

おしえて！

アップサイクル

おしえてくれた人
高津玉枝さん
（株式会社福市）

？ なぜ、プルタブのアップサイクル商品を日本で販売しようと思ったのですか？

こたえ あるとき、立ちよった輸入雑貨の店で、キラキラしたシルバーのハンドバッグを見かけて「かっこいいな」と思っていたところ、それが空きかんのプルタブでできていると知り、おどろきました。そのころのわたしは、安いものを大量生産、大量消費して、ものを大切にしないことに疑問を感じていたので、これを日本で紹介しようと思ったのがきっかけです。

？ アップサイクルの商品と出会って楽しかったことはなんですか？

こたえ 素材がもつ、かぎりない可能性に気づかされたことです。プルタブがすてきなバッグになるなんて、考えてもみなかったですからね。また、アップサイクルの商品でありフェアトレード商品でもあるので、買うことでその国の人を支援できるのもみりょくです。

？ これから、チャレンジしていきたいことをおしえてください。

こたえ わたしたちの活動を通して、大量生産、大量消費が続く社会や、ものを買う人の行動をかえられればいいなと思っています。入口は「かっこよくて使いやすいから買う」ので OK。そこから一歩ふみこんで、その商品ができるまでの背景や、つくられている国の人のことまで考えることを伝えたいです。

？ アップサイクルをやってみたい子どもたちに伝えたいことは？

こたえ ものをつくるときや見たときに、どのような素材で、どうやってできているのかに興味をもってほしいですね。素材やつくり方、つくっている人をイメージすると「見る力」ができて、考えが広がると思いますよ。

プルタブバッグをつくるブラジルの工房の職人。職人の多くは、ブラジル国内でも、経済的に豊かでない地域でくらしている。

株式会社ビームス

ねむっていた洋服を新しいファッションアイテムに!

デッドストック商品やさまざまな種類の生地などを組み合わせて、世界にひとつしかないもの(1点もの)につくりかえるブランドが「ビームス クチュール」。ひと針ずつていねいに手仕事で行うこと、それがこだわりです。

保管されている
デッドストック商品が

デッドストックは、新品だけど
販売しないで
倉庫で保管されて
いるものだよ。

男性用の
ラガーシャツに
ワッペンをつけて
女性用の洋服に!

©'76, '20 SANRIO Ⓛ

リボンで
ドレスアップした
洋服に!

FILA

男性用のシャツに
レースをつけて、ラブリーな
女性用の洋服に!

うしろから見ると…

リバーシブルに
なっていて…

手ししゅうをくわえて
おしゃれな
スカジャンやぼうしに!

ミシンでぬいつけられていた
トラのししゅうをもとに、
リバーシブル面にも
同じトラを手ししゅうで
ぬったんだって!

テーラー東洋

つくり方

1 リストからアイテムをえらぶ

デザイナーがデッドストックをまとめたリストから、気になるアイテムをえらび、保管しているウエアステーション*に伝えてとりよせます。ほかの会社（ブランド）とコラボレーション（協力してつくること）するときは、企画書をつくって提案します。

ウエアステーションから届いたアイテムを見て、デザインのイメージをふくらませる。
*ウエアステーションは、株式会社ビームスの物流センターです。

サンリオの人気キャラクターのかかれたはぎれでパッチワーク。デッドストックのレースをあわせ、金の手ぬいステッチを入れた、つけえり。

2 デザインを決めて試作品をつくる

試作をくりかえしながら、つくりこんでいきます。ビームスがとりひきをしている生地の会社から、レースやリボンなど材料のデッドストックをゆずりうけ、すべて手仕事で一つひとつぬいあわせていきます。

男性用の上着を女性用の上着にする。初めに上着と同じ生地をさがし、その生地でリボンをつくる。ジャンパーになじむように、リボンをぬいつける。

3 完成

試作品をもとに、アトリエ（工房）で職人が手仕事でつくりあげた1点ものの洋服は、店頭で販売されます。

1点もののため、同じ服は店頭にならばない。

アップサイクル

おしえてくれた人
水上路美さん
（株式会社ビームス）

? なぜ、デッドストック商品を アップサイクルしようと 思ったのですか？

こたえ ビームスのデザイナーとして長く仕事をしてきて、つぎに新しいことをやろうと思っていたとき、デザイナーの神田恵介先生にアドバイスをいただき、倉庫にねむるデッドストックに目をつけました。ただもったいないからつくりかえるのではなく、その洋服をよりファッション性の高い1点ものに仕上げることをめざしました。

? アップサイクルをして 楽しかったことは なんですか？

こたえ ブランドのテーマが、「より多くの人たちの力を集めること」です。大すきなキティちゃんや、ししゅう入りのスカジャンで有名なテーラー東洋さんにお声がけして、洋服をつくることができました。アップサイクルの考え方に共感してくださる人たちと、力をあわせることができて感動しました。

ビームス クチュールのためにキティちゃんのデザインを手がける山口裕子さんがかきおろした絵。

©'76, '20 SANRIO Ⓛ

? デザインを考えるとき、 意識していることは なんですか？

こたえ もとの洋服のデザインを生かすこと、手仕事にこだわることを意識しています。大量生産の洋服ではできないこまかなことを手作業で行うので、時間がかかりますが楽しみながらつくっています。自分だけの特別な一着としてずっと大切にしてもらえるような、服をつくっていきたいです。

「自分だけのユニークな1枚」をめざすブランド「ビームスクチュール」。

? アップサイクルを やってみたい子どもたちに 伝えたいことは？

こたえ おうちの人と考えてアップサイクルをすると楽しいと思います。たとえば、お気に入りの洋服に穴があいたら、小さな布でつくったリボンや、すきなもようの布をぬいつけるだけで、また新しい服ができますよ。

広がる！アップサイクル

工場から製造中に出た材料のあまり（端材）や不良品などの廃材を、デザイナーと協力して新たな価値のある商品に生まれかわらせる試みを行う会社があります。実際に工場ではたらく人や学生と協力して行っています。

① 町工場見学

なぜ端材や不良品ができてしまうのか、どのような端材や不良品があるのかを、町工場の人におしえてもらう（学生と行う場合）。

② 商品を考えてつくる

端材や不良品を使った商品案を考える。商品案にもとづいて、町工場の職人と協力して試作品をつくる。

③ 発表・展示

完成した試作品を発表する。発表後の展示会で商品を販売することもある。

おしえて！ アップサイクル

おしえてくれた人
松井麻里さん
（株式会社レイ・クリエーション）

？ なぜ、アップサイクルのプロジェクトを始めたのですか？

こたえ わたしたちは、大阪府にある町工場の経営の手伝いをしています。町工場で多くの端材が出ることを知って、端材を生かした作品を見せる展示をしました。この展示を知った大学や専門学校から「学生にゴミから価値を生み出そうとする『考える力』をおしえてほしい」という要請もあり、学生のプログラムとしても行っています。

工場から出た、キッチンの流しにとりつけられているゴミうけの不良品を使ってつくられた照明器具。

さくいん

● 装丁・デザイン
鷹觜麻衣子

● DTP
有限会社 チャダル

● イラスト
ハラアツシ

● 写真撮影
糸井康友

● 執筆協力
兼子梨花、たかはしみか、二木たまき

● 校正協力
村井みちよ

● 編集制作
株式会社 童夢

● 取材協力（五十音順、敬称略）
大阪大学Innovator's Club
UPCYCLE LAB
株式会社 オープン・エー
地域作業所hana
tupera tupera
特定非営利活動法人 NEWSED PROJECT
株式会社 ビームス
株式会社 福市
株式会社 モノファクトリー
株式会社 モンドデザイン
株式会社 レイ・クリエーション

● 写真協力（五十音順、敬称略）
鍵岡龍門
金継ぎ工芸会
つまみかんざし博物館
南部裂織保存会
株式会社 フォトライブラリー
FREITAG

知ってる？ アップサイクル ❶アップサイクルってなに？

2020 年 3 月　第 1 刷発行　　2024 年 6 月　第 3 刷発行

編　者　「知ってる？ アップサイクル」編集委員会
発行者　佐藤 洋司
発行所　さ・え・ら書房
〒 162-0842　東京都新宿区市谷砂土原町 3 － 1
TEL 03-3268-4261　FAX 03-3268-4262　https://www.saela.co.jp/
印刷・製本　東京印書館

ISBN978-4-378-01221-6　NDC360　　　　　　　　　　　　　　　Printed in Japan